AUGUSTE LALANCE

MULHOUSE FRANÇAIS

— 1798-1871 —

PARIS

IMPRIMERIE ET LIBRAIRIE CENTRALES DES CHEMINS DE FER

IMPRIMERIE CHAIX

SOCIÉTÉ ANONYME AU CAPITAL DE TROIS MILLIONS

Rue Bergère, 20

1898

AUGUSTE LALANCE

MULHOUSE FRANÇAIS

— 1798-1871 —

PARIS

IMPRIMERIE ET LIBRAIRIE CENTRALES DES CHEMINS DE FER

IMPRIMERIE CHAIX

SOCIÉTÉ ANONYME AU CAPITAL DE TROIS MILLIONS

Rue Bergère, 20

1898

MULHOUSE FRANÇAIS

1798-1871

Le 15 mars 1798, la république de Mùlhouse se donna librement à la France.

C'était alors une petite ville fortifiée de 6.000 habitants dont 5.000 seulement avaient droit de bourgeoisie.

Elle était entourée d'une triple enceinte formée par **six** bras de la rivière l'Ill et de murs flanqués de bastions.

Elle s'ouvrait par quatre portes avec ponts-levis :

> La porte de Bâle,
> La porte du Miroir,
> La porte Jeune,
> La porte Haute.

Une cinquième qui avait existé autrefois, la porte de Nesles, avait été supprimée trois siècles auparavant pour diminuer les dangers d'une attaque.

Autour de la ville étaient les vignes et les champs qui nourrissaient la population. Dans la plupart des ménages on cuisait le pain et on cultivait la terre.

La population était presque exclusivement protestante.

Les Juifs étaient depuis quelques années seulement autorisés à habiter la ville. Jusqu'en 1789 on leur permettait d'y trafiquer pendant le jour, mais ils ne devaient y avoir aucun établissement et il leur était interdit d'y rester après le coucher du soleil.

Les habitations étaient très simples, les mœurs plutôt austères.

Il n'y avait presque pas d'impôts en argent. Les marchands payaient une prime proportionnée à leur chiffre d'affaires qu'ils devaient déclarer sous serment.

Il était prélevé en nature au profit de la ville le dixième des récoltes des champs et des vignes.

Personne n'était autorisé sans permission spéciale à ouvrir un hôtel ou une maison meublée.

Il y en avait sept au moment de la réunion : le Sauvage, la Couronne, la Demi-Lune, l'Ange, le Cerf, le Raisin où logea Montaigne et les Trois-Rois.

Les cafés et les débits de boissons étaient interdits. Mais les bourgeois avaient le droit pendant 4 semaines après les vendanges de vendre le vin de leurs vignes avec du pain et du fromage.

Il était défendu d'ouvrir un théâtre.

L'établissement d'une imprimerie était également prohibé, nous ne savons pas bien pourquoi.

L'industrie, qui s'était développée depuis un demi-siècle avait beaucoup souffert à cause des barrières douanières que la France avait placées autour de la ville.

Mais il y avait une population active, énergique, habituée depuis des siècles à la lutte et résolue à marcher en avant. Il y avait des républicains résolus à faire leurs affaires tout seuls sans recourir à personne.

En 1870, l'aspect avait bien changé.

Mulhouse avait plus que décuplé comme population.

La ville s'était étendue de tout côtés autour de la vieille enceinte.

De nombreuses usines s'étaient créées qui occupaient au moins 3o.ooo ouvriers habitant soit la ville, soit les villages environnants.

En sus de l'ancienne industrie des toiles peintes fondée en 1746 par MM. Kœchlin, Dollfus et Schmaltzer il s'était créé de grandes usines de filature et de tissage pour le coton et la laine ; de vastes ateliers de construction occupaient un nombreux personnel. Une quantité de petites industries accessoires s'étaient groupées autour de ces grandes manufactures.

L'activité était générale ; on ne voyait pas de jeunes gens oisifs. Les rentiers avaient des têtes blanches.

Les écoles étaient nombreuses, depuis les jardins d'enfants jusqu'aux écoles supérieures de chimie, de commerce, de filature et tissage.

Mulhouse, qui n'était jusque-là que chef-lieu de canton devint sous-préfecture en 1857, et le tribunal de première instance d'Altkirch y fut transféré sous la présidence de M. Lœw aujourd'hui président à la Cour de Cassation.

De nombreuses institutions avaient été créées soit pour améliorer le sort de l'ouvrier, soit pour diminuer ses chances d'accidents, soit pour l'aider dans la maladie et les charges de famille, soit enfin pour lui offrir dans ses heures de loisir le moyen de s'instruire ou de se distraire.

Les rapports entre patrons et ouvriers étaient excellents.

La première grève se produisit le 2 juillet 1870 à la suite d'excitations d'agents provocateurs venus de Paris avec la complicité, croit-on, du gouvernement impérial.

Les cuirassiers qui devaient mourir peu de jours après à Reichshofen furent chargés de maintenir l'ordre.

De nombreux Mulhousiens étaient allés porter leur industrie au dehors.

Les uns s'étaient établis en Alsace, à Guebwiller, à Fhann, à Munster, à Sainte-Marie-aux-Mines et y avaient fondé des usines florissantes.

D'autres s'étaient établis dans les Vosges ou en Normandie.

Enfin, les plus entreprenants étaient allés en Allemagne, en Russie, en Italie, en Espagne et avaient pris dans ces pays une part considérable dans la création de l'industrie textile.

Mulhouse était célèbre dans le monde entier pour la qualité de ses productions industrielles et surtout pour ses institutions philanthropiques.

Les écrivains Louis Reybaud, Jules Simon, Villermé, etc., venaient s'y instruire.

La ville était en plein développement intellectuel et industriel, et le plus bel avenir paraissait certain lorsqu'éclata la guerre suivie bientôt de l'annexion.

Mulhouse avait appartenu pendant soixante-treize ans à la France.

Nous essaierons de rappeler les points saillants de cette courte période.

Jusqu'en 1815, les progrès de l'industrie ne furent pas considérables. Mulhouse eut beaucoup à souffrir des guerres de cette époque.

Par une clause du traité de réunion, les habitants devaient être exempts de prestations et de service militaire jusqu'à la paix, et, dans la pensée des négociateurs, cette paix une fois obtenue, devait durer longtemps.

Mais la paix d'Amiens, en 1803, ne fut qu'une trêve de quelques mois et la guerre recommença la même année.

On établit la conscription à Mulhouse. A ce premier tirage au sort, on avait mis dans l'urne des bulletins portant les mots de *gagné* et *perdu*, et on fut fort étonné d'être obligé de recommencer pour obéir aux prescriptions de la loi.

Pendant la période de guerre qui suivit, les jeunes Mulhousiens firent bravement leur devoir ; ils se conduisirent comme les enfants des anciennes provinces françaises.

De 1813 à 1815, la ville fut envahie par le flot des alliés marchant sur Paris, et fut soumise à de fortes contributions de guerre.

Après la paix de Vienne, il resta une garnison autrichienne jusqu'en 1818 ; à partir de ce moment on était libre, on respira, et les affaires purent se développer en paix.

L'industrie des toiles peintes employa des procédés mécaniques qui eurent pour effet d'augmenter beaucoup la production.

En 1798, on avait imprimé à Mulhouse deux millions et demi de mètres.

En 1869, soixante-quatre millions de mètres, soit vingt-cinq fois davantage.

Pour ne plus être tributaire de l'étranger pour les tissus, on installa successivement des filatures et des tissages ainsi que des ateliers de construction.

Cette grande expansion fit désirer la création d'un centre scientifique et technique, d'un lieu de réunion où l'on put s'entendre sur les questions intéressant l'ensemble de l'industrie.

SOCIÉTÉ INDUSTRIELLE

En 1826 fut créée cette célèbre Société industrielle de Mulhouse qui incarna en elle l'esprit d'initiative, la largeur de vues, la solidarité, le sens pratique, l'activité, les qualités qui avaient permis à la petite République de lutter pendant tant de siècles contre de puissants ennemis, les qualités qui produisirent cette florissante industrie, loin des produits naturels, loin des débouchés, loin du charbon, loin des chutes d'eau.

Elle repoussa, dès ses début, les subsides de l'État, du département et de la ville, et ne voulut devoir rien à personne.

Cette Société à laquelle vinrent se joindre les hommes distingués de l'Alsace entière, exerça dès lors une influence considérable sur toutes les questions d'intérêt général.

Trois comités se partageaient le travail : le comité de chimie, le comité de mécanique et le comité de commerce dont les noms indiquent les fonctions.

Mais on trouva bientôt nécessaire d'aborder d'autres sujets n'ayant pas une relation aussi directe avec l'industrie et on créa le comité d'histoire et de statistique, le comité d'histoire naturelle, le comité des beaux-arts et le comité d'économie sociale qui échangea bientôt son nom contre celui de comité d'utilité publique sous lequel il a fait de grandes choses.

Au début les ressources de la Société étaient faibles, le nombre des membres était restreint, mais ils avaient le feu sacré, ils étaient résolus à aboutir.

En 1828, un homme dont nous retrouverons le nom dans cette étude, M. Nicolas Kœchlin fit don à la Société d'un vaste hôtel dans lequel elle put installer ses services et ses collections.

D'autres donations suivirent.

Dès lors le succès était là, il ne fit que grandir et en 1870 il y avait cinq cent douze membres et le budget annuel dépassait 36 000 francs.

De savants mémoires furent publiés dans les bulletins de la Société, touchant les questions techniques les plus diverses.

Ces travaux signés Hirn, Daniel Kœchlin, Penot, Josué Heilmann, etc., etc., font encore autorité auprès des corps savants.

Mais ce qui fait surtout l'originalité et la gloire de la Société industrielle, ce sont les questions qu'aborda son comité d'utilité publique touchant le bien-être des travailleurs.

TRAVAIL DES ENFANTS

En 1828 déjà ce comité fut saisi par un de ses membres, M. J.-J. Bourcart, d'une proposition tendant à fixer l'âge et à réduire les heures de travail des jeunes ouvriers de filature.

Cette question, fréquemment discutée par le comité, aboutit à une pétition du 31 mai 1837, adressée aux deux chambres et qui fut l'origine de la loi du 22 mars 1841, réglementant le travail des enfants dans les manufactures.

Mais cette loi était incomplète. Au lieu des fonctionnaires de l'État que la Société industrielle demandait pour l'inspection, la loi institua des inspecteurs bénévoles qui s'acquittèrent très imparfaitement de leurs fonctions.

Il fallut donc recommencer une nouvelle campagne.

La Société, dans de nouvelles pétitions, recommanda l'emploi du demi-temps pour les jeunes enfants, afin de leur permettre de fréquenter les écoles.

En 1848 la Chambre des pairs venait de voter une loi consacrant le demi-temps et l'inspection salariée quand la révolution éclata.

Il fallut donc encore pétitionner et cela jusqu'en 1869.

Ce n'est qu'en 1874 que la France fut dotée de cette loi si désirée dont ses patients promoteurs ne devaient pas profiter.

ABOLITION DE LA LOTERIE

En 1827, la Société industrielle adressait également aux chambres une pétition demandant la suppression de la loterie nationale.

Il y était dit :

« Que l'industrie ou le commerce éprouvent une crise ou que les maladies et les infirmités de la vieillesse viennent affliger l'ouvrier. il tombe aussitôt à la charge de la commisération publique : c'est là souvent le sort non d'un ouvrier seul, mais de toute une famille.

» Le meilleur remède à cet état de choses serait, sans contredit, l'établissement à Mulhouse, d'une caisse générale d'épargne pour les ouvriers, et la Société industrielle a cru faire une chose digne de son institution en s'occupant des moyens de fonder un pareil établissement.

» Mais un obstacle majeur arrête son zèle et le gouvernement seul peut lever cet obstacle.

» Notre ville a deux bureaux de loterie dont la recette annuelle s'élève à 120 000 francs, et il est de notoriété que la presque totalité de cette recette est le produit de la faible épargne que font sur leur salaire les ouvriers des fabriques.

» Comment serait-il possible alors de faire prospérer une caisse d'épargne en présence d'un fléau qui dévore jusqu'au denier de poche de l'ouvrier?... »

Cette pétition de 1827. accueillie favorablement par la Chambre des pairs, avait été renvoyée au ministre des finances.

Mais comme le gouvernement, pour des raisons fiscales, n'y avait donné aucune suite, la Société renouvela sa demande en 1828.

Les deux Chambres ayant cette fois recommandé cette péti-

tion, le ministre fit signer au roi une ordonnance élevant à
deux francs le minimum des mises.

Bien qu'on n'eût pas obtenu la suppression complète de la
loterie, qui n'eut lieu qu'en 1830, du moins la mesure eut-
elle immédiatement pour effet de faire notablement baisser les
perceptions (40.000 fr. au lieu de 120.000).

CITÉS OUVRIÈRES

En 1851, un fabricant distingué de papiers peints, M. Jean
Zuber, présentait à la Société industrielle un travail, demandant qu'on étudiât les moyens propres à offrir aux travailleurs de Mulhouse des logements salubres, confortables et à
bon marché.

La Société étudia tout ce qui avait été fait ailleurs dans ce
but et s'arrêta à un projet.

« Ce qui nous a particulièrement guidés dans le choix du
plan que nous vous soumettons aujourd'hui, » disait le rapport, « c'est le désir que vous partagerez avec nous, d'améliorer d'une façon notable la condition des ouvriers de la
ville et de la campagne, car le genre d'habitations que nous
proposons convient aussi bien aux uns qu'aux autres. Si dans
les campagnes, en effet, les logements ont déjà l'avantage
d'être isolés, on sait qu'ils pêchent souvent par une mauvaise
distribution et trop souvent par le défaut de propreté, de
lumière et d'air salubre.

» Celui qui ne trouve en rentrant chez lui qu'un misé-
rable taudis, sale, en désordre, où il ne respire qu'un air
nauséabond, ne saurait s'y plaire ; il le fuit pour passer au
cabaret le temps dont il dispose.

» Son intérieur lui devient presque étranger ; il contracte
bientôt de funestes habitudes de dépenses, dont les siens ne se
ressentent que trop et qui aboutissent presque toujours à la mi-
sère. Si, au contraire, nous pouvons offrir à ces mêmes hommes
des habitations propres et riantes ; si nous donnons à chacun
un petit jardin où il trouvera une occupation agréable et
utile, où, dans l'attente de sa modeste récolte, il saura appré-
cier à sa juste valeur cet instinct de la propriété que la Pro-

vidence a mis en nous, n'aurons-nous pas résolu d'une manière satisfaisante un des problèmes les plus importants de l'économie sociale? N'aurons-nous pas contribué à resserrer les liens sacrés de la famille et rendu un véritable service à la classe si intéressante de nos ouvriers et à la société elle-même? »

Passant de suite à l'exécution, on constitua, en 1853, sous la présidence de M. Jean Dollfus, une société civile, sous le nom de *Société mulhousienne des Cités ouvrières*, au capital de 300.000 francs, porté plus tard à 355.000 francs.

Le gouvernement, désireux de s'associer à cette entreprise, la première en France, offrit de prendre à sa charge l'établissement de la voirie, des plantations et fontaines, ainsi que la construction des bains et lavoirs, de la boulangerie et du restaurant.

La Société, affranchie de ces dépenses accessoires qui atteignirent 300.000 francs, put ainsi affecter tout son capital à la construction de maisons d'habitation et les céder à des prix très réduits.

Elle s'interdit par ses statuts de distribuer plus de 4 o/o à ses actionnaires et doit appliquer le boni éventuel dans l'intérêt des habitants des cités.

L'objet que la Société s'est proposé et qu'elle a atteint, c'est de construire des maisons pour un seul ménage, et de les vendre aux ouvriers seuls au prix coûtant, en leur accordant pour se libérer de longs termes allant jusqu'à seize ans.

L'acquéreur ne peut pas revendre sa maison avant dix ans, ni en sous-louer une partie à une autre famille, sans l'autorisation du Conseil d'administration.

En 1870, il y avait 892 maisons construites, dont 859 étaient vendues.

Les acheteurs avaient payé. . . . . Fr. 2.152.770
et restaient devoir. . . . . , ... 1.210.990

On peut dire que voilà plus de deux millions enlevés au cabaret en moins de vingt ans.

TRAVAIL DE NUIT

On a vu qu'en 1827 la Société s'était déjà préoccupée de réglementer le travail des enfants.

La loi de 1841 déterminait sous quelles conditions d'âge et de durée on pourrait autoriser le travail de nuit pour les enfants. La Société industrielle pensa qu'il fallait aller plus loin et proscrire le travail de nuit pour les femmes et les jeunes gens de moins de dix-huit ans,

Elle adressa dans ce but, le 28 septembre 1864, une pétition au ministre du commerce :

« Ce que nous combattons, est-il dit, c'est le travail de nuit régulier des femmes et des enfants, se reproduisant constamment toute l'année dans des ateliers, sans autre motif qu'un accroissement de bénéfices pour des chefs de maison qui arrivent ainsi à doubler à peu près la masse de leurs produits sans augmenter sensiblement leurs frais généraux... »

» ... Une loi qui interdirait de faire travailler les femmes de tout âge et les jeunes garçons au-dessous de dix-huit ans entre dix heures du soir et cinq heures du matin, dans les fabriques à moteur continu, tout en limitant la journée de travail à douze heures, serait un véritable bienfait pour la population des manufactures, sans porter aucun préjudice sérieux à l'industrie. »

Il est regrettable que ces démarches aient été sans résultat.

INSTRUCTION OBLIGATOIRE

En 1862, la Société industrielle avait déjà envoyé au Sénat une pétition tendant à rendre l'instruction primaire obligatoire.

Cette demande ayant paru trop absolue à cette époque, la Société la mitigea en 1867 et demanda « que les communes fussent autorisées à exiger des familles domiciliées que leurs enfants fréquentent une école publique ou privée...

» Entre la situation présente si regrettable et la mesure absolue, on établirait ainsi une transition qui, tenant compte

des difficultés, conduirait plus lentement, mais plus douce-
ment au but désiré...

» Qui peut dire quelles ressources demeurent infécondes
dans cette masse d'hommes, presque le tiers de la population,
qui reste privée de tout enseignement, étrangère à tout progrès ?...

» Voici à nos frontières même deux grandes nations renou-
velées, puissantes par l'intelligence autant que par leur force
numérique. Une fois sorties des embarras nés de la guerre, de
l'enfantement de leur unité, elles déploieront, soyez-en sûrs,
une énergie nouvelle dans les luttes pacifiques des inventions,
de l'industrie, des travaux de l'esprit.

» La tâche de maintenir le rang que la France a si glo-
rieusement conquis, deviendra de plus en plus difficile. Pour
y suffire, ce ne sera point assez d'accroître le nombre de nos
braves soldats, il faut multiplier nos ressources de toute
nature, compléter l'instruction du pays et élever incessamment
sa puissance intellectuelle et morale ; car c'est sur elle que
repose, en définitive, tout avantage durable... »

On sait que ce n'est que sous la troisième République que
la France a voté l'instruction obligatoire.

ASSOCIATION PRÉVENTIVE DES ACCIDENTS

Quelque soin qu'on eût pris dans beaucoup de fabriques
d'Alsace de mettre les ouvriers à l'abri des accidents produits
par les machines en mouvement, on avait encore à déplorer
un trop grand nombre de décès ou de mutilations.

La Société industrielle a pensé que des inspections régu-
lières faites dans les établissements par des spécialistes pour-
raient devenir un moyen préventif efficace.

Sur la proposition de M. Engel-Dollfus il s'est constitué le
12 mai 1867 une association pour prévenir les accidents de
fabrique.

Ses statuts disent :

« Il est formé entre les fabricants soussignés une association dont le but est de prévenir les accidents de fabrique qui
peuvent être évités soit par des inspections officieuses, soit

par la communication des dispositions et accessoires de machines les plus propres à garantir l'ouvrier, soit encore par l'indication des meilleures dispositions réglementaires à adopter dans les établissements.

» L'association nomme un inspecteur salarié pour visiter les établissements au point de vue de la prévention des accidents.

» Cet inspecteur s'engage d'honneur à s'abstenir de tout examen qui ne serait pas dicté par le seul désir de remplir son mandat avec une entière discrétion. »

COMMISSION DES ACCIDENTS

Il avait semblé désirable comme complément de l'association préventive de créer un organe qualifié en cas d'accident pour rechercher à qui en incomberait la responsabilité.

On avait donc institué une commission composée :

1° De chefs d'établissement, d'ingénieurs du gouvernement, d'anciens fabricants, désignés par la société industrielle ;

2° De directeurs techniques, d'ingénieurs de fabrique désignés par la Société industrielle ;

3° De contremaîtres et d'ouvriers choisis par la Société industrielle sur des listes dressées par les chefs d'établissement.

Dès qu'un accident était signalé, la commission déléguait trois de ses membres, un de chaque catégorie pour faire une enquête et présenter un rapport sur lequel elle délibérait. Dans beaucoup de cas, ce rapport était accepté par les deux parties ; dans d'autres il servait utilement à éclairer le tribunal.

Cette commission des accidents a fonctionné jusqu'en 1871.

A cette époque elle a dû être supprimée pour faire place aux lois d'Empire.

PRIX ET MÉDAILLES

La Société industrielle publie chaque année un programme de prix relatif à des questions intéressant l'industrie, le commerce, les sciences.

En 1870 il y avait outre les grands prix Émile Dollfus et Daniel Dollfus fondés par deux anciens présidents de la Société :

Arts chimiques	38	médailles
Arts mécaniques	48	—
Histoire naturelle	4	—
Commerce	16	—
Histoire et statistique	15	—
Utilité publique	3	—
Industrie du papier	5	—
Prix divers	3	—
	132	—

Les étrangers sont admis à concourir comme les nationaux. Les membres du Conseil d'administration et des comités de la Société industrielle sont seuls exclus.

Toutes les médailles sont en bronze ; elles se distinguent suivant leur module en :

Médailles d'honneur.
Médailles de première classe.
Médailles de seconde classe.

Des travaux très utiles ont été produits à la suite de ce programme de prix.

ASSOCIATION DES PROPRIÉTAIRES

D'APPAREILS A VAPEUR

Cette association, fondée en 1866 a pour but d'assurer la sécurité des appareils à vapeur en les soumettant à un contrôle périodique au moyen de visites intérieures et extérieures.

Elle met ses ingénieurs à la disposition de ses adhérents pour les essais de rendement des chaudières et l'étude des perfectionnements à y apporter.

Elle publie des travaux sur les combustibles et leur emploi. Citons ceux de MM. Scheurer-Kestner et Meunier-Dollfus qui sont universellement appréciés.

En 1870, l'association comprenait 172 membres possédant 761 chaudières.

Les résultats obtenus firent créer des associations semblables à Paris, à Lyon, à Lille, à Amiens, à Rouen, à Reims, à Bordeaux, à Nantes, à Marseille et à Montpellier.

Les règlements sont les mêmes, mais l'esprit est différent.

Là-bas, les ingénieurs sont les agents salariés des membres de l'association ; ils se sentent obligés d'être à leur service.

Ici ce sont des fonctionnaires imbus de leur importance et considérant les adhérents comme de simples administrés.

C'est, semble-t-il, une question de milieu.

MUSÉE D'HISTOIRE NATURELLE

Ce musée a été créé par la Société industrielle et est administré gratuitement par son comité d'histoire naturelle.

Il comprend des collections importantes en zoologie, botanique, minéralogie.

Son entrée est gratuite deux jours par semaine.

Nous arrêterons là nos citations sur l'œuvre de la Société industrielle. On voit qu'elle s'est occupée de sujets bien divers, mais que sa préoccupation la plus constante a été d'élever le niveau moral des travailleurs et d'améliorer leur bien-être.

ŒUVRES D'INITIATIVE PRIVÉE

Mais il ne faudrait pas croire que toute initiative venait de la Société industrielle et que rien n'était fait en dehors d'elle.

Il n'est pas inutile d'indiquer ce qui a été fait de plus important, soit par des personnes seules, soit par des collectivités.

NOUVEAU QUARTIER

Nous avons dit que la vieille ville était mal bâtie, que les rues étaient étroites et tortueuses.

3

En 1826, M. Nicolas Koechlin fonda une Société qui acheta des terrains, y traça des rues droites, y fit construire, sous le nom conservé encore aujourd'hui de Nouveau Quartier, des maisons spacieuses, bien aérées et formant un ensemble régulier. C'était pour l'époque une entreprise hasardeuse ; elle réussit et donna le goût d'améliorer les logements.

CHEMINS DE FER D'ALSACE

En 1837, il n'y avait encore en France que deux ou trois petites lignes de chemins de fer.

M. Nicolas Koechlin ét ses frères eurent le courage d'entreprendre à leurs risques et périls la construction des chemins de fer d'Alsace.

En 1839, fut inaugurée la ligne de Mulhouse à Thann, et, en 1841, toute la ligne de Strasbourg à Bâle.

Les ingénieurs Bazaine et Chaperon avaient dirigé les travaux avec un grand talent ; mais les concessionnaires furent loin de réaliser des bénéfices,

NOUVEL HÔPITAL

En 1832, l'hôpital était logé dans l'ancien couvent de Sainte-Claire, petite construction sombre, humide, incommode.

Trois généreux citoyens, MM. André Koechlin, Jean Zuber, et Jean Dollfus se rendirent acquéreurs d'un vaste bâtiment bien bâti, entouré de grands jardins, et offrirent à la Ville de l'échanger contre le vieil hôpital. La ville s'empressa d'accepter. La vieille bâtisse que recevaient les donateurs était presque sans valeur. C'était une manière délicate de dissimuler leur don magnifique.

MUSÉE HISTORIQUE

En 1864, fut entreprise la création d'un musée destiné à recueillir les souvenirs de l'histoire religieuse, politique et civile de la République de Mulhouse.

Des bulletins périodiques signalent les objets offrant un

intérêt particulier ou publient des études sur des questions intéressant l'histoire de la ville.

De nombreux objets se rapportent à la fête de la réunion du 15 mars 1798. On y voit entre autres un drapeau qui flottait sur l'hôtel de ville et qui porte pour inscription : *La République de Mulhausen repose dans le sein de la République française.*

BIBLIOTHÈQUE POPULAIRE. — COURS POPULAIRES

En 1864, également de généreux donateurs fondèrent sous le patronage de la Société industrielle une bibliothèque populaire et des cours populaires gratuits.

Ces derniers pendant l'année 1869 ont été suivis par 772 élèves :

> dont 562 de 16 à 20 ans,
> 166 de 21 à 30 ans,
> 44 de 30 et au-dessus.

La bibliothèque populaire a distribué cette même année en moyenne 200 volumes par jour.

BIBLIOTHÈQUES COMMUNALES

La même année fut fondée la Société des bibliothèques communales avec M. Jean Dollfus comme président et Jean Macé comme secrétaire.

Son action s'étendit sur tout le Haut-Rhin ; elle y créa près de 100 bibliothèques.

· A Mulhouse seulement il y en avait 19 contenant 47.000 volumes.

En 1870, on notait 1879 lecteurs

> pour 29.947 volumes français,
> 22.757 — allemands,
> 2.309 — divers.
> ________
> 55.013 volumes lus.

LIGUE DE L'ENSEIGNEMENT

En 1868, fut créée à Mulhouse une section de la Ligue de l'enseignement fondée par Jean Macé.

Elle organisa d'abord dans les prisons des cours pour les détenus et une bibliothèque.

Elle s'occupa ensuite de rechercher les enfants de 6 à 12 ans ne fréquentant pas les écoles et fournit à ceux qui étaient indigents. les vêtements, les livres, l'écolage, etc.

Son activité prit fin après la guerre.

MUSÉE DES BEAUX-ARTS

En 1867, sur la proposition de M. Engel Dollfus dont on retrouve le nom dans la plupart des œuvres dues à l'initiative privée, on décida la création d'un musée de peinture transformé plus tard en musée des Beaux-Arts.

Il contenait en 1870, une centaine de tableaux et des moulages d'œuvres classiques.

Il a été depuis considérablement augmenté et un salon y réunit tous les trois ans les œuvres des principaux artistes.

CRÉDIT POPULAIRE

En 1865, fut fondée une Société au capital de 100.000 francs, destinée à recevoir en dépôt les économies des artisans, des petits commerçants et principalement à fournir aux ouvriers et artisans probes et laborieux, le crédit nécessaire pour faciliter leurs débuts.

Judicieusement administré, le Crédit populaire rend de très grands services et peut être cité comme un modèle d'institution démocratique.

En 1870, 300 déposants avaient à leur crédit 200.000 francs.

Les effets escomptés aux petits artisans et ouvriers montaient à 2 millions par an.

CERCLE MULHOUSIEN

En 1868, M. Jules Siegfried offrit à la Société industrielle une somme de 100.000 francs pour créer un Cercle populaire.

Grâce à cette libéralité et à d'autres dons qui vinrent s'y ajouter, on créa sous le nom de Cercle Mulhousien une association populaire ayant pour but d'ouvrir aux travailleurs (ouvriers, artisans ou employés de commerce) un lieu de réunion où chaque adhérent puisse trouver à se récréer et à s'instruire dans ses heures de loisir.

Le cercle allait être inauguré sous le nom de Cercle Mulhousien, lorsqu'éclata la guerre de 1870.

Il ne fut ouvert que le 1er avril 1872.

Il se composait de :

Une salle de réunion avec billards,

Une grande salle pour concerts et conférences,

Trois salles de répétitions,

Une bibliothèque avec salle de lecture,

Une grande halle de gymnastique,

Une salle d'escrime,

Une buvette,

Un promenoir couvert avec deux quilliers,

Un logement pour le concierge-buvetier.

Les membres du Cercle étaient invités à s'affilier à l'une ou l'autre des sections suivantes :

Une Société chorale d'hommes,

Une Société chorale de dames,

Un orchestre,

Une fanfare,

Une Société de gymnastique,

Une Société d'escrime,

Une Société dramatique,

Une école de musique.

Ces sections se réunissaient souvent pour offrir à tous les membres du Cercle et à leurs familles des auditions musicales ou théâtrales extrêmement goûtées.

Le Cercle Mulhousien a rendu d'immenses services et a contribué puissamment à rapprocher les différentes classes de la société.

Lorsqu'il fut fermé en 1887, il comptait 2.000 membres et avait un budget de 17.500 francs.

ÉCOLES

Depuis longtemps on s'était occupé à créer de bonnes écoles pour remplacer l'instruction par trop rudimentaire de nos pères.

SALLES D'ASILE

En 1834, on créa les salles d'asile pour enfants de 3 à 7 ans, et, dix ans après, elles étaient déjà fréquentées par 600 enfants malgré la répugnance que montrèrent à l'origine les parents de se séparer si tôt de leurs enfants.

En 1870, il y avait 13 salles d'asile contenant 2.500 enfants.

Les frais de direction montèrent à 21.500 francs, soit 8 fr. 50 c. par an et par enfant.

ÉCOLES PRIMAIRES

La ville, sous l'administration du maire André Kœchlin donna aux écoles primaires une importance rare à cette époque et on venait de loin pour les visiter.

ÉCOLE PROFESSIONNELLE

En dehors du collège communal où on faisait des études classiques, la ville fonda en 1854 une école professionnelle où les sciences étaient principalement enseignées et où quelques heures par jour étaient données au travail manuel.

ÉCOLE DE CHIMIE

En 1821 fut fondée l'école de chimie dans une dépendance du collège ; elle fut transférée, en 1855, à l'école professionnelle. A partir de 1866 elle devint école supérieure de chimie.

Son enseignement comprend :

> La Chimie générale ;
> La Physique ;
> La Chimie analytique ;
> La Chimie industrielle.

La durée de l'enseignement est de deux ans.

Au sortir de l'école, les élèves diplômés trouvent facilement à se placer dans l'industrie des toiles peintes ou dans les fabriques de produits chimiques.

En 1870, les dépenses ont été :

Traitement des professeurs . . Fr.	18.142	»
Matériel et drogues	9.900	»
Fr.	28.042	»

Les recettes :

Rétribution des élèves. . . . . Fr.	11.640	»
Subvention de la ville.	16.402	»
Fr.	28.042	»

ÉCOLE DE DESSIN

En 1829 fut fondée l'École de dessin linéaire destinée à former des dessinateurs de machines.

En 1832 on y ajouta une section de dessin de figure et d'ornement.

Une importante donation de M. Henri Haeffely permit de rendre l'enseignement gratuit.

Aussi comptait-on, en 1870, 140 élèves fréquentant les cours pendant douze heures par semaine.

ÉCOLE DE FILATURE ET DE TISSAGE

De 1861 à 1865, un groupe d'industriels désirant donner une instruction théorique et pratique à de futurs contre-maîtres ou directeurs d'usines, fondait l'école de filature et tissage.

En 1870, 5 élèves suivaient les cours de filature ;

—	25	—	— de tissage ;
—	10	—	les deux cours.
	40		

ÉCOLE DE COMMERCE

Deux enfants de Mulhouse, MM. Jules et Jacques Siegfried, qui avaient beaucoup voyagé et constaté combien peu le commerce français s'exerçait dans les pays lointains, résolurent, en 1866, de doter leur ville natale d'une école supérieure de commerce.

Ils firent don, dans ce but, d'une somme de cent mille francs.

La Chambre de commerce procura un local et on fit venir de distingués professeurs.

La géographie commerciale, l'étude des marchandises et celle des langues étrangères étaient enseignées avec soin.

Après la guerre de 1870, l'école fut fermée, mais ses professeurs allèrent créer les écoles similaires de Lyon, de Rouen, du Havre, et l'Institut commercial de Paris.

ŒUVRES CHARITABLES

ASSOCIATION DES FEMMES EN COUCHES

En 1864, MM. Dollfus, Mieg et Cⁱᵉ, prirent l'initiative de faire visiter par des sages-femmes les nouvelles accouchées et de leur payer intégralement leur salaire pendant le temps passé chez elles pour leur entier rétablissement.

La mortalité des nouveau-nés diminua sensiblement.

Un certain nombre d'établissements se réunit alors pour fonder une association et centraliser la direction et l'inspection.

Les mères ne reprennent leur travail que lorsqu'elles sont entièrement rétablies et jusque-là elles sont payées comme si elles travaillaient.

La mortalité, dans la première année, qui était de 28 o/o, est tombée à 21 o/o grâce à l'association.

SOCIÉTÉ DE MATERNITÉ

En dehors des accouchées faisant partie des établissements associés, il restait bien des cas intéressants à secourir.

Depuis 1863 fonctionne, à Mulhouse, une Société de maternité fondée et dirigée par des dames charitables.

Elle a pour but de venir en aide aux femmes en couches pendant les quinze premiers jours qui suivent l'accouchement, si tout se passe normalement, et pendant six semaines s'il survient une maladie.

Les secours consistent en aliments, habits, draps de lit, mobilier.

La Société paie les frais de sage-femme et procure à l'enfant une layette et le lait nécessaire.

CRÈCHES

A diverses reprises on a établi des crèches à Mulhouse. mais l'institution, pour des raisons qu'il serait trop long de développer ici, n'a pas encore tout à fait réussi et ne s'est pas généralisée.

JARDINS D'ENFANTS

En 1857, le premier jardin d'enfants, suivant la méthode Froebel, a été fondé par madame Nicolas Koechlin. D'autres suivirent.

La méthode Frœbel, très répandue en Allemagne, consiste à *développer les facultés intellectuelles* de l'enfant avant de procéder à son instruction scolaire, à l'intéresser avant de l'instruire.

ORPHELINAT

La maison des orphelins, annexée à l'hôpital de Mulhouse, a été fondée le 1er septembre 1819. Elle admet les orphelins indigents nés à Mulhouse, qu'ils aient été admis ou non à l'assistance départementale.

ÉCOLE ISRAÉLITE DES ARTS ET MÉTIERS

On a vu que, jusque vers 1798, les israélites ne pouvaient habiter Mulhouse. Après la réunion, plusieurs familles vinrent s'y fixer et s'occupèrent surtout de commerce. En 1842, la communauté décida de diriger les jeunes gens vers l'enseignement professionnel. On créa dans ce but un internat spécial.

Tout enfant indigent et de bonne conduite y est admis s'il a quatorze ans au moins et seize ans au plus, et s'il a fréquenté une école primaire.

Les enfants sont logés et nourris dans l'établissement ; ils y reçoivent le soir un enseignement, principalement l'histoire, la géographie, le calcul, le dessin.

Pendant la journée, ils sont placés dans divers ateliers ou chez des artisans de la ville.

Cette institution a rendu et rend encore de grands services.

Chaque élève revient à 450 francs par an.

Les frais sont couverts par des dons, legs ou subventions du département ou de la municipalité.

OUVROIRS

Les premiers ouvroirs ont été créés à Mulhouse en 1828. Ils ont pour but d'enseigner aux jeunes filles pauvres la couture, le raccommodage et les autres travaux de leur sexe.

Ces utiles œuvres y sont très répandues. Plusieurs sont annexées aux salles d'asile.

SOCIÉTÉS DE PATRONAGE

Les premiers essais de patronage ont été faits en 1852, à la chaussée de Dornach, par mesdames Nicolas Koechlin, veuve Lalance et Valentin Meyer. Le succès a été considérable et bientôt l'œuvre s'est étendue à toute la ville.

Celle-ci a été divisée en sept quartiers ayant chacun sa Société de patronage.

Ces Sociétés ont pour but d'assister efficacement et sans double emploi les familles nécessiteuses.

Chaque membre de la Société se charge d'une ou de deux familles, se met en fréquents rapports avec elles, pourvoit à leurs besoins moraux et matériels, les assiste de ses conseils et leur procure, si possible, du travail.

Lorsque la dame patronesse voit que la famille patronnée

est remise en état de se suffire à elle-même, elle reporte ses efforts sur une autre famille.

C'est là, sans contredit, la meilleure manière de faire la charité. La mendicité se trouve supprimée et on arrive fréquemment à relever moralement des familles qui seraient devenues, sans cela, des mendiants professionnels.

INSTITUT DES PAUVRES

C'est une Société privée, remontant au commencement du siècle, qui s'occupe à collecter des dons et à les distribuer d'une façon judicieuse après entente avec les autres œuvres charitables.

On pourrait citer encore un grand nombre d'institutions philanthropiques, dont plusieurs ont un caractère confessionnel et dont le but est de s'occuper de ceux qui souffrent et de les aider à se relever.

OPINION POLITIQUE

Nous croyons utile en terminant de dire quelques mots des opinions politiques.

En se rappelant le long passé de la petite République de Mulhouse, on ne s'étonnera pas de constater que, pendant les soixante-treize ans qu'ils ont appartenu à la France, ses habitants aient constamment été d'opinion libérale.

Leurs représentants aux Chambres dont les plus connus sont MM. Jacques Koechlin, Nicolas Koechlin, Émile Dollfus faisaient partie de la gauche du Parlement.

Lors du plébiscite de 1851, Mulhouse fut une des cinq communes de France qui donnèrent une majorité de *non*.

CONCLUSION

Résumons-nous ; c'est pour cela, c'est grâce à toutes ces créations, à toutes ces institutions si nombreuses, si diverses, témoignant toutes d'une activité si riche, si féconde, que Mulhouse avait une physionomie si particulièrement originale et qu'il occupait une place tout à fait à part parmi les autres cités de la patrie française.

Ce point demeure acquis : inutile d'insister.

Mais ce que l'on ne saurait trop dire et redire, c'est que tout cela s'était fait, non point contre la volonté de l'État, ou sans son consentement, mais tout au moins sans son concours, et uniquement par le jeu libre et spontané de l'initiative privée.

Ici quelques explications sont nécessaires.

Nul n'ignore ce qu'il y avait d'étroit, d'exclusif, parfois même de tyrannique dans la constitution de ces petites républiques, de ces cités libres et autonomes d'autrefois. On a pu s'édifier à cet égard en étudiant leur histoire, comme aussi se convaincre que parfois cette réglementation minutieuse et tracassière était pour elles une condition inéluctable de prospérité, d'ordre intérieur et de durée.

Point n'est besoin de dire que de cela, après la réunion de Mulhouse à la France, il ne resta plus trace.

Quelque chose pourtant subsista du Mulhouse d'autrefois et ce quelque chose avait une inappréciable valeur, puisque ce n'était rien moins que ce que l'on pourrait appeler l'*esprit républicain* lequel consiste à ne rien demander à l'État, à ne compter que sur soi, à être soi-même l'artisan de sa propre fortune et à faire du déploiement de l'énergie individuelle, de l'action tendant au progrès moral et au bien-être de la collectivité, le but suprême, la consolation toujours efficace et l'intarissable joie de la vie ; et à ce développement, à cet épanouissement de l'initiative privée, les circonstances n'étaient pas aussi favorables qu'on pourrait bien le croire.

Alors, comme aujourd'hui, la France était un pays d'extrême centralisation. Rien ne pouvait se faire sans le consentement de l'État.

A chaque pas, on se heurtait aux bureaux, à la paperasserie, aux règlements, à la routine, aux personnes.

Tel administrateur était animé d'un mauvais vouloir manifeste, tel autre était mieux disposé, mais lent à se mettre en mouvement et à agir.

Les obstacles, comme on le voit, étaient sérieux et parfois bien grande la difficulté de faire comprendre aux représentants de l'État que, en matière de progrès, rester stationnaire c'est reculer et que faute d'améliorer le présent en temps opportun, on s'expose à compromettre irréparablement l'avenir.

Finalement, à force de modération patiente et de ténacité, les Mulhousiens vinrent à bout de ces petites misères qui n'altéraient d'ailleurs en rien le profond amour qu'ils portaient à la France, et transformée, agrandie, pourvue de tous ses organes, la cité avait le droit de concevoir des espérances infinies de prospérité et de grandeur, lorsque la guerre de 1870 vint l'arracher brutalement à la mère-patrie et brusquement, tragiquement, clore cette période de son histoire si féconde et si bien remplie.

Tel est l'exemple salutaire et fortifiant que Mulhouse nous a laissé au jour de la douloureuse séparation.

Puissent nos Français s'en souvenir! Puissent-ils, eux aussi, apprendre à se passer de l'État, perdre l'habitude de le considérer comme une Providence!

Puissent-ils chercher le relèvement de la patrie dans le déploiement, dans le développement de toutes les énergies individuelles, dans l'exercice de la volonté, dans l'action féconde, bienfaisante, toujours appliquée à réaliser dans ce monde plus de bien-être matériel, de justice et d'humanité.

ANNEXES

NOMS DES MAIRES DE MULHOUSE

1798–1800. Pierre Thierry, *président de la municipalité.*

1800–1807. J.-M. Hofer, *premier maire.*

1807–1811. Antoine Spoerlin.

1811–1814. Josué Koechlin.

1814–1815. J.-H. Dollfus.

1815–1816. Mathieu Hofer, *maire provisoire.*

1816–1819. Pierre Moll.

1819–1821. Jacques Koechlin.

1821–1823. J.-H. Dollfus.

1823–1830. Blanchard.

1830–1831. André Koechlin.

1831–1832. Sébastien Spoerlin.

1832. André Baumgartner, *maire provisoire.*

1832–1843. André Koechlin.

1843. J.-G. Weiss, *maire provisoire.*

1843–1848. Émile Dollfus.

1848. Pierre Thierry, *adjoint, faisant fonctions de maire.*

1848–1852. Émile Koechlin.

1852–1863. Joseph Koechlin-Schlumberger.

1863–1869. Jean Dollfus.

1869–1870. Henri Bock, *maire provisoire.*

1870–1871. (Guerre), commission municipale : Aug. Dujardin, Lazare Lantz, Ch. Bertelé, Amédée Tagant, Aug. Dollfus, Henri Schwartz, Henri Bock, Alfred Koechlin–Steinbach, Godefroi Engelmann, Ch. Wacker-Schoen.

PRÉSIDENTS DE LA SOCIÉTÉ INDUSTRIELLE

1826–1829. Isaac Schlumberger.
1829–1834. Jean Zuber-Karth.
1834–1858. Émile Dollfus.
1858–1861. Daniel Dollfus fils.
1861–1864. Nicolas Koechlin fils.
1864–..... Auguste Dollfus *(encore en fonctions)*.

TABLEAU STATISTIQUE DE L'INDUSTRIE TEXTILE A MULHOUSE EN 1870

	NOMBRE d'établis^ts	NOMBRE d'ouvriers	BROCHES de filature	MÉTIERS à tisser	SALAIRE ANNUEL.	FILÉS PRODUITS	TISSUS PRODUITS	TISSUS IMPRIMÉS ET BLANCHIS
					Francs	Kilos	Mètres	Mètres
Filatures de coton	14	3.498	425.676		2.353.568	6.260.744		
Filatures de laine peignée .	2	1.180	40.360		771.529	848.597		
Filature et retordage de soie.	1	20	540		8.700	3.686		
Retordages, moulinages . .	6	863	23.349		448.947	443.793		
Tissages, coton, laine et soie.	16	5.960		8.042	3.307.044		34.798.538	
Tissage de toile d'emballage.	1	8		7	4.000		48.000	
Fabriques de draps	3	238	2.600	146	139.927		422.302	
Tissages Jacquard.	2	69		68	48.175		23.260	
Impressions	12	6.298			4.244.146			63.772.642
Blanchiments	3	1.079			580.750			85.627.143
Apprêts, teintures.								
	60	19.213	492.525	8.263	11.906.786	7.556.820	35.292.100	149.399.785

TABLEAU DES AUTRES INDUSTRIES EN 1870

	NOMBRE D'ÉTABLISSEMENTS	NOMBRE D'OUVRIERS	CHIFFRE D'AFFAIRES
Construction de machines.	7	3.150 ′	9.500.000
Papeterie	I	350	1.500.000
Ateliers du chemin de fer et batellerie.		800 *	
Dessinateurs, graveurs, cordiers . . . . Produits chimiques, brasseries, imprimeries, etc.		1.200 *	
Employés de bureau, commissionnaires de trans- port, agents, courtiers, etc.	′	800 *	
		6.300	

* Ces chiffres ne sont qu'approximatifs.

www.ingramcontent.com/pod-product-compliance
Ingram Content Group UK Ltd.
Pitfield, Milton Keynes, MK11 3LW, UK
UKHW021653090726
13657UKWH00004B/1945